ÉLOGE

DE

M. LE Dr AUGUSTIN FABRE

ANCIEN INTERNE DES HÔPITAUX DE PARIS,
MÉDECIN DES HÔPITAUX DE MARSEILLE,
PROFESSEUR DE CLINIQUE MÉDICALE A L'ÉCOLE DE PLEIN EXERCICE,
PRÉSIDENT DE LA SOCIÉTÉ DE MÉDECINE,
OFFICIER D'ACADÉMIE,
CHEVALIER DE L'ORDRE DE SAINT-GRÉGOIRE-LE-GRAND.

MARSEILLE
TYP. ET LITH. BARLATIER-FEISSAT PÈRE ET FILS
Rue Venture, 19

1884

ÉLOGE

DE

M. LE Dʳ AUGUSTIN FABRE

ANCIEN INTERNE DES HÔPITAUX DE PARIS,
MÉDECIN DES HÔPITAUX DE MARSEILLE,
PROFESSEUR DE CLINIQUE MÉDICALE A L'ÉCOLE DE PLEIN EXERCICE,
PRÉSIDENT DE LA SOCIÉTÉ DE MÉDECINE,
OFFICIER D'ACADÉMIE,
CHEVALIER DE L'ORDRE DE SAINT-GRÉGOIRE-LE-GRAND.

MARSEILLE
TYP. ET LITH. BARLATIER-FEISSAT PÈRE ET FILS
Rue Venture, 19
—
1884

ÉLOGE

DE

M. LE Dr AUGUSTIN FABRE[1]

Messieurs,

L'usage le veut; nos règlements l'exigent; il nous faut revenir sur les tristesses du passé. Nous ne sommes plus dans les saisissements des premiers jours; notre douleur s'appartient désormais tout entière.

Nous n'avons plus sous les yeux cette multitude qui se pressait dans la maison d'un juste, pour y contempler les traits de son bienfaiteur; ces funérailles, où dix mille assistants confondaient, pauvres et riches, leurs larmes et leurs sanglots; ces voitures de fleurs servant de parure à la mort; cette cérémonie religieuse, relevée par la haute dignité des célébrants; ce majestueux ensemble d'une apothéose spontanée, dernier hommage de la reconnaissance publique; tout est fini : la foule est dispersée; les fleurs sont fanées; les chants liturgiques ne se font plus entendre; les restes vénérés reposent dans la tombe.

Mais avant le trépas; la veille de cette fin, si prématurée qu'on ne voulait pas y croire, nous admirions tous cette organisation psychique dans laquelle, l'intelligence, l'entendement — disait Locke — réunissait les facultés les plus diverses. La rectitude du jugement, l'habitude de la réflexion y tenaient asservis les élans d'une imagination vive et en-

---

[1] Lu devant la Société de Médecine le 2 mai 1884, par M. le docteur Sauvet, ancien médecin en chef des maisons d'arrêts, ancien président de la Société de Médecine, etc., etc.

jouée ; un esprit délicat, une mémoire active, une vaste érudition s'y montraient sous les dehors d'une fine bonhomie ; le sentiment du devoir, la morale chrétienne, avec ses rigueurs, y présidaient aux manifestations de la volonté ; l'indulgence la plus grande, à l'appréciation des actes d'autrui. L'amour du prochain y était sans bornes ; les ardeurs du dévouement, sans mesure ; l'abnégation personnelle, sans réserve.

Ces qualités, ces vertus, vous les aviez remarquées chez notre collègue ; je dois, cependant, vous en parler comme si vous les aviez ignorées. Et lui, le cher absent, aussi sensible à la louange que les folioles d'une sensitive au premier attouchement, je peux aujourd'hui le louer selon ses mérites ; je puis donner à sa mémoire bien aimée les témoignages que sa modestie repoussait. Il fut si grand dans sa simplicité, que le récit fidèle de sa vie sera toujours son plus bel éloge. Je ne chercherai pas, d'ailleurs, à vous consoler d'une perte qui nous rend inconsolables.

Augustin Fabre naquit en 1836 à Marseille. Il appartenait à l'une des plus honorables familles du grand commerce marseillais dont les noms respectés de MM. Fabre-Luce, son oncle paternel, et Cyprien Fabre, président de la Chambre de commerce, son frère, représentent si dignement, aujourd'hui, les traditions. Fils aîné de César Fabre, Augustin était naturellement destiné au commerce ; il devait succéder à son père. A l'âge de dix ans, il entre au collège comme pensionnaire. Son intelligence est précoce, une application soutenue la développe et l'élargit. Bien plus ; l'enfant possède le feu sacré du travail ; jugeant que les heures qui ne lui sont pas consacrées sont des heures perdues, il désire ne plus quitter le collège et y passer, au milieu de ses livres, les jours affectés aux congés réglementaires. A cette demande inattendue, le père résiste, il craint pour la santé de son enfant ; mais sa santé est bonne, sa constitution robuste, sa volonté bien nette ; il insiste avec cette douce fermeté que nous lui avons connue et, pendant plusieurs années, il se prive des sorties dont profitent si joyeusement ses camarades. Dans ces conditions exceptionnelles, le succès est certain ; tous les premiers prix sont enlevés; quelquefois, rarement, il n'arrive qu'au deuxième; régulièrement, chaque année, il fait une abondante moisson de lauriers universitaires. Bientôt sa vocation commence à se dessiner; incertain sur la carrière qu'il doit parcourir, il connaît du moins celle dans laquelle il ne veut pas s'engager. Un soir, au foyer domestique, le père devisait sur ses projets d'avenir, indiquant à chacun de ses fils la situation qu'il lui ferait; Augustin reste avec moi, dit-il, sa place est au comptoir : *mais je ne serai jamais négociant :* pourquoi? *par ce que vous ne travaillez pas assez* ! Et il dédaigne une position commerciale qu'un autre eût enviée; son cœur visait plus haut que la fortune.

Le courage grandit chez lui avec le développement de ses forces physiques, il n'est plus enfant — l'avait-il jamais été ? — il compte quatorze ou quinze années et il se demande ce qu'il pourra faire de bon et d'utile dans ces journées de sortie que, sur les instances maternelles, il allait enfin accepter. On lui parle des conférences de Saint-Vincent-de-Paul dont les membres ont pour mission de visiter et secourir les pauvres à domicile. Ah la belle institution ! Comme elle mérite bien le patronage du grand nom qu'elle porte ! comme elle correspondait aux pieuses aspirations du collégien ! car Augustin est pieux, il pratique assidûment ses devoirs de fervent catholique dont l'indifférence de ses camarades ne l'a jamais détourné. Il entre aussitôt dans cette association charitable, s'attache à l'un de ses nouveaux collaborateurs un peu moins jeune que lui, et y remplit ponctuellement ses fonctions de visiteur auxquelles il emploie tous ses jours de liberté.

Dans un taudis délabré du quartier de la Plaine, ils rencontrent une famille sans chef qui attire leur pitié ; toutes les misères se trouvaient là réunies, la mort y entrait presqu'avec eux, un des enfants allait succomber à la tuberculose mésentérique ; tout cela, sans secours, sans assistance d'aucune sorte; son cœur se resserre, l'émotion le gagne et dès lors il se sent porté vers la profession la plus propre au soulagement des malades ; sa résolution est prise, elle devient irrévocable; il sera médecin, médecin des pauvres.

Singulière idée ! n'y a-t-il pas d'autres occupations, moins pénibles, moins fatigantes, pour celui qu'attend la fortune ? Le barreau, la magistrature n'offrent-ils pas des positions aussi honorables? Sa réponse est topique; je voudrais la voir gravée en lettres d'or sur son tombeau « *Je serai médecin parce que dans cette profession on peut être plus utile à ses semblables.* » Admirable pensée ; pensée chrétienne qui inspira toujours sa conduite ! Mais le voici à la fin de ses études classiques; il a subi, l'an dernier, les épreuves du baccalauréat ès-lettres avec les notes les plus satisfaisantes, il subit en 1854 celles du baccalauréat ès-science avec le même succès ; il est temps de fixer son avenir.

M. le docteur Chargé demeurait près de la maison Fabre ; une étroite amitié liait les deux familles ; le Docteur vient en aide au bachelier. L'idée de l'enrôler dans la confrèrie médicale lui plaît tout d'abord ; il se complaît, surtout, à pressentir un futur adepte de la médecine homœopathique qu'il pratique lui-même ; il devine que l'élève d'aujourd'hui pourra lui donner, demain, l'éclat d'un grand talent et il appuie chaleureusement sa cause. Notre confrère est un charmeur, — ses amis le disent — la famille écoute ses conseils et cède, comme toujours, au doux entêté. Un espoir restait aux parents; le contact des malades, l'aspect des moribonds, les manipulations de l'amphithéâtre le forceront peut-être, à renoncer à ses projets ; plus tard, pendant ses débuts, on le plaisante ; quand il sort des salles de dissection, un de ses frères lui demande quels agréments il y a trouvés ; ses réponses en deux mots, deux syllabes, indiquent avec énergie et sincérité les répugnances éprouvées, la certitude de les surmonter et aussi... l'inutilité de la question ; l'espérance s'évanouit.

Inébranlable dans sa foi religieuse, Fabre n'a pas encore la foi scientifique ; avec sa raison déjà mûre, il comprend que si dans le premier cas, il faut croire aveuglément, le libre examen partout ailleurs est nécessaire ; qu'en médecine, surtout, il faut voir, observer, réfléchir, méditer, avant d'adopter une opinion et, sans idée préconçue, sans préférence pour les systèmes; dans le seul but d'être utile à ses semblables, il aborde ces nouvelles études.

C'est à notre École de médecine qu'il prend sa première inscription en 1855 et, pendant les quelques mois qu'il y passe, il assiste avec assiduité aux cours désignés par le programme de l'année scolaire; il se livre aux travaux de dissection et suit régulièrement, quoique sans attache officielle, les visites des médecins à l'Hôtel-Dieu. S'il choisit de préférence celles de M. le docteur Girard, professeur de clinique interne, et de M. le docteur Sue, professeur de thérapeutique et de matière médicale ; c'est que par la clinique, déjà professée à cette époque avec un talent remarquable par notre savant et vénéré collègue, il arrivera promptement à la connaissance des maladies et, par l'application aux malades, du traitement indiqué dans le cours de thérapeutique, il pourra bientôt lui-même, les soulager et les guérir. Le service hospitalier de M. Sue lui permettra, de plus, d'apprécier les résultats de cette pharmacologie dont on lui a parlé avec dédain, de s'éclairer sur la valeur de cette matière médicale, de ces agents médicinaux *qui inspirent tant de répugnance aux malades* que leur réduction à des doses infinitésimales a suffi pour la célébrité et la propagation d'une doctrine; je veux dire d'un système. Curiosité scientifique bien légitime assurément, mais rare chez un élève de première année et qu'on ne rencontre ordinairement que dans la dernière partie des études médicales. Son passage à l'École et à l'Hôtel-Dieu de Marseille fut de courte durée, puisqu'il se rendit à Paris vers le milieu de l'année 1856.

Fabre s'installa dans une chambre du quartier des écoles ; il faut croire que son mobilier n'était pas luxueux puisque sa mère, quittant pour le voir sa confortable demeure de la rue Laffon, fut saisie d'émotion en le trouvant si pauvrement logé. Il partage son temps entre les cours de la Faculté, les leçons de l'école pratique où il continue les études d'anatomie commencées à Marseille et les services hospitaliers où il se rend tous les matins. Un grand nombre de malades passent sous ses yeux ; les qualités diverses des chefs de service ne lui échappent pas ; il constate la supériorité de ceux-ci dans la sémeiologie, de ceux-là dans la direction du traitement ; il recherche, en un mot, les meilleurs foyers d'instruction pour y revenir comme titulaire quand il appartiendra aux hôpitaux. Ses occupations sont toutes scientifiques ; s'il consacre aux pratiques religieuses, chères à son âme, une partie de son temps, il est certain que les frivolités n'ont aucune place dans sa vie. Après plusieurs mois de séjour dans la capitale, il n'en connaît pas encore les grands quartiers ; il ne les connaîtra pas mieux dans deux ans et c'est par le récit de l'attentat contre la vie du Souverain qu'il apprendra en 1858 la situation de l'Opéra de la rue Lepelletier. De la pension que lui envoie son père, il garde pour ses besoins le strict nécessaire ; le reste est pour les pauvres de Saint Sulpice, sa paroisse, ou pour ceux de l'association de Saint Vincent de Paul. J'oubliais de vous parler de ses distractions favorites ; car il sait s'en procurer ; de ses plaisirs qui, pour ne pas être mondains, n'en sont pas moins réels ; fugaces de leur nature, les siens ne laissent que des satisfactions, jamais de déboires ; sasisfactions toujours nouvelles, toujours renouvelées que largement il puise dans son inépuisable bonté. Vous le devinez, Messieurs, vous savez que pour Fabre, il n'est qu'un plaisir, un seul, soulager les malades ! Après ceux de l'hôpital qu'il observe avec l'esprit scientifique, il y a les souffreteux des mansardes qu'il soigne avec son cœur de chrétien. Zélé, ardent, infatigable, il accourt auprès d'eux à toute heure ; dès qu'il le peut ; il revient au chevet de leur lit, entre une leçon de la Faculté qu'il quitte et une séance à la Bibliothèque où il va se rendre.

Mais il est parvenu à sa 21me année ; il subit la loi de la conscription ; le sort l'a favorisé d'un numéro que n'atteint pas le contingent de l'année ; son père lui remet la somme qu'il destinait à un remplaçant, il la distribue aussitôt et la partage entre les pauvres de Marseille, qui n'ont pas eu le temps d'oublier sa générosité ; et ceux de Paris qui la connaissent depuis qu'il les a vus. Voilà l'homme ! il est là tout entier, tel il est, tel il sera jusqu'au dernier moment ; charitable dans la plus belle acception du mot, c'est-à-dire prodigue de ses forces physiques jusqu'à l'épuisement, autant que généreux de ses deniers. Cette passion pour le bien, cet amour de son semblable besogneux où malade, vous les verrez grandir avec le temps et quand il sera de retour parmi nous, vous le verrez encore nous en donner de sublimes exemples.

A la fin de l'année 1857, notre cher étudiant concourt pour l'externat des hôpitaux : il arrive le trente-septième sur une promotion de 175. Dès le mois de janvier suivant, il s'inscrit chez le docteur Martin-Magron et participe à ses savantes conférences pour la préparation au concours de l'internat; il se trouve de suite, à la tête des jeunes conférenciers et s'y maintient toute l'année. Aussi personne ne fût étonné quand il arriva interne à son premier concours, le onzième sur les trente-sept nommés dans la promotion du 20 décembre 1858; il aurait même pu être classé dans un meilleur rang mais les questions qu'il eût à traiter lui étaient peu familières ; ainsi le veut la fortune des concours ; c'est un de ses collègues de la conférence qui nous l'apprend. Son aventure avec M. Teissier est curieuse ; — dit-il encore, — la place d'interne de son service était, d'ordinaire, dévolue au dernier de la promotion ; Fabre savait que M. Teissier était, comme lui, profondément catholique; puisqu'il faisait de l'homœopathie dans un établissement public, c'est qu'il y avait quelque chose dans la médecine d'Hahnemann ; il devient donc son interne et consacre toute l'année 1859 à une nouvelle étude de la spécialité.

A son arrivée à Baujon ses nouveaux camarades l'accueillent froidement ; ils ne comprennent pas qu'un élève, dont on vante le caractère et le savoir, ait choisi cet emploi qu'ils dédaignent, sous un chef qu'ils n'aiment pas ; l'épreuve est de courte durée ; le nouveau venu n'est pas tel qu'on le suppose ; il est religieux sans ostentation, sincère dans sa croyance ; sévère pour lui-même, tolérant pour les autres ; plein de franchise et de loyauté ; il n'a donc rien des hypocrites de Molière et de Baumarchais; doux et bon, il est de plus, spirituel et piocheur ; ce qui ne déplaît pas à ces jeunes laborieux; toujours prêt à leur être utile, à les remplacer, le jour où la nuit, à la salle de garde, suivant leurs convenances où leurs fantaisies qui, nous dit-on, *furent fréquentes*, ce qui les captiva tout à fait; si bien qu'à la froideur succèdent l'estime et la sympathie, puis une amitié durable qui, pour plusieurs, devint de l'admiration.

A côté de ce service il en existait heureusement d'autres plus sérieux. De tout temps, la médecine et la chirurgie furent dignement représentées dans cet hôpital ; les malades de M. Teissier n'étaient pas nombreux et, sa visite terminée, son interne filait prestement vers les salles voisines comme s'il avait eu hâte de revivre dans une atmosphère scientifique plus saine. Il y trouvait des cas intéressants dont il consignait scrupuleusement les évolutions, il écoutait les leçons des maîtres et grâces à leurs talents, grâce à son intelligente activité, son séjour à Baujon fut des plus fructueux pour son instruction.

Mais un changement devait bientôt s'opérer dans l'uniformité de son existence. En 1860 Madame Berardi, sa tante, venait, avec sa charmante jeune fille, déjà musicienne distinguée, s'installer à Paris pour y perfectionner son talent de pianiste. Quelques mois après, Fabre épouse Mademoiselle Marie Bérardi qui, par son amabilité et ses vertus, fit pendant 23 ans la joie et le bonheur de sa vie ; puis, il reprend sa place dans les hôpitaux qu'il ne quitta plus jusqu'à la fin de ses études.

Vous n'attendez pas, Messieurs, que je vous donne sur chacune de ses stations dans les grands centres nosocomiaux les détails fournis sur son internat de 1859 qui avait pour nous un attrait que ne soupçonnaient pas ses camarades. De 1856 à 1861, pendant cinq années, Fabre a passé successivement, comme observateur bénévole, externe ou interne titulaire, par les hôpitaux de Cochin, des enfants, de Baujon, de Necker et de Saint-Louis dans les services de MM. Beau, Guersant, Teissier, Vernois, Matice et Cazenave. Ce qu'il était sous un chef dont il désapprouvait les opinions scientifiques, il le fût ailleurs; le répéter est inutile ; mais nous pouvons remarquer que les noms de ses anciens maîtres sont inscrits dans la dédicace de sa thèse comme un « hommage de sa reconnaissance et de son affection » qu'ils y figurent tous excepté celui de son chef à Baujon et que cette omission, peut-être, ne fût pas involontaire. Il est juste de rappeler aussi les noms de ceux qui vécurent avec lui dans les mêmes établissements hospitaliers, des adversaires de la veille devenus ses condisciples et plus tard, comme lui, des hommes distingués; MM. les docteurs Cazelles, l'honorable préfet de ce département, Ferrand, médecin de l'hôpital Laënnec, Cruveilhier, chirurgien des hôpitaux, Pamard, d'Avignon, Regnault, de Rennes, Danjoy, de la Bourboule, Dayot, de la Loire-Inférieure, Dezanneau, d'Angers, qui ont conservé de leur collègue un précieux souvenir, dont j'ai là, sous les yeux, les preuves que je vais bientôt vous communiquer.

Fabre termine ses études médicales en 1861 et présente thèse formant, avec ses deux publications antérieures, un travail d'ensemble que nous allons analyser. C'est la démonstration de cette règle générale que les agents médicinaux produisent des effets différents, souvent opposés, suivant certaines conditions connues telles que les doses, leur répétition, la durée de l'administration; les prédispositions, l'état de santé ou de maladie du sujet et aussi l'étude des conséquences de ce principe dans leur application à la thérapeutique. Le premier mémoire *Sur l'emploi de l'éther comme antidote du chloroforme*, présenté à l'Académie des Sciences, le 28 juillet 1856, donne les résultats de 117 expériences sur des lapins et des cobayes. L'éther convenablement administré est d'abord excitant ; il ne devient anesthésique que si les doses sont élevées, les inhalations fréquentes et prolongées. Cette double propriété lui a permis de l'administrer, à doses simplement excitantes, à des lapins endormis par le chloroforme et chaque fois l'animal revint à la vie, même dans les cas de mort apparente où les battements du cœur étaient imperceptibles ; il en conclut que l'éther est un antidote physiologique du chloroforme. L'aldéhyde lui réussit également; c'est encore une antidote du chloroforme, moins actif que l'éther. Enfin le chloroforme, l'aldéhyde et l'ammoniaque, étant employés en qualité de stimulants, comme antidotes de l'éther, agent anesthésique, il constate que le chloroforme, seul, en inhalations très courtes et à faible dose, a produit les mêmes effets. De ces résultats on retire plusieurs avantages : celui de rendre l'usage du chloroforme moins dangereux, plus fréquent et plus utile ; de faire mieux connaître cette classe d'antidotes physiologiques et de confirmer le principe qu'il a posé. La commission, composée de MM. Flourens, J. Cloquet, Jobert de Lamballe déposa, dans la quinzaine, un rapport élogieux pour l'auteur : mais s'appuyant sur les résultats de *sept* expériences nouvelles, elle rejeta ses conclusions. N'est-il pas regrettable que les physiologistes, à l'exemple de Fabre qui reprit à Marseille ses premières recherches, n'aient pas eu la curiosité de contrôler et de recommencer les *sept* expériences de la commission ? Son deuxième mémoire fût publié en 1857, dans la *Gazette hebdomadaire de médecine et de chirurgie* sous le titre d'*Etude sur les effets opposés des agents médicinaux, suivant leurs doses et leurs divers modes d'administration*. Il y fait ressortir le désaccord des auteurs sur les propriétés des substances employées en thérapeutique. Le quinquina, tonique, excitant modéré pour les uns, est pour les autres un puissant perturbateur des fonctions de l'estomac ; le camphre, tantôt stimulant où sédatif et tour à tour l'un et l'autre ; la digitale, la belladone, l'opium, surtout, ont été l'objet des plus vives contestations et le même auteur a souvent constaté les effets opposés de chacun de ces agents. Sydenham s'écrie que l'opium est un *don du ciel* ; le hollandais Sylvius, dit que s'il devait en être privé, il préférerait renoncer à l'art de guérir, tandis que Brown va jusqu'à nier énergiquement son action sédative. Hahnemann, qui lui accorde tant de place dans son chapitre des guérisons homœopathiques, se contredit lui-même ; il constate qu'il peut produire des sueurs, et, un peu plus loin, qu'il peut rendre difficile la manifestation de la sueur, qu'il détermine de la sécheresse et de l'âpreté à la peau. Tous ces faits ne sont que la confirmation de cette vérité capitale que l'opium, comme les autres agents, peut produire des effets opposés ; et de ce qu'il détermine chez l'homme sain des symptômes morbides semblables à ceux qu'il guérit, on n'a pas le droit de conclure que cette similitude est là cause de son action curative, puisqu'elle n'est que le résultat d'une double action à effets opposés, comme Trousseau l'a dit du quinquina. Je dois, Messieurs, souligner ce passage écrit dès l'année 1857. L'auteur consacre ensuite quelques pages aux effets de la rhubarbe, des amers, des ferrugineux, des toniques, des anti-scorbutiques, des acides et des alcalins, de la noix vomique et de l'arsenic ; il termine en exprimant ce vœu que la règle générale qu'il a posée, dont le principe a été entrevu par d'autres avant lui, serve de trait d'union aux doctrines contradictoires.

Après tout ce qui précède, l'auteur se trouvait conduit à rechercher les *Moyens de progrès que nous offre la thérapeutique*; c'est ce qu'il fait avec un grand succès, une ampleur de vue et un talent de généralisation qui serait très remarqué chez un savant de l'âge mûr et qui chez un jeune homme de 25 ans indique une rare pénétration d'esprit. Dans une première partie il étudie les moyens de progrès que la thérapeutique doit aux autres sciences ; il passe en revue la chimie, la physique, la mécanique et l'histoire naturelle ; puis la physiologie dont il expose les systèmes et apprécie fort justement les méthodes et enfin la nosologie dont il fait l'histoire critique aussi heureusement dans son ensemble, que consciencieusement dans ses détails. Dans la seconde partie sont étudiés les moyens de progrès qui sont propres à la thérapeutique ; les moyens philosophiques, puis ceux que l'expérimentation physiologique et clinique nous donnent. Parmi les premiers, c'est d'abord : l'autorité, basée sur la révélation avec l'infaillibilité de l'église, affirmant l'union substantielle de l'âme et du corps ; la psychologie vient ensuite ayant pour auxiliaires les organes des sens, organes de perception, sources d'erreurs, si l'attention, la raison et l'intelligence ne corrigent la première impression des phénomènes extérieurs qu'ils ont perçus ; presque toutes les facultés intellectuelles sont pour nous *des moyens de con-*

naître et, surtout, l'attention qui, prolongée, devient l'observation ; la raison, la comparaison, le jugement, la mémoire et même l'imagination qui, au besoin, invente des moyens nouveaux concourants au progrès de la science. L'auteur fait ensuite l'application de chacune de ces facultés à la science des médications.

L'étude de l'expérimentation sur l'homme sain et de l'expérimentation clinique lui fournissent l'occasion qu'il saisit d'apprécier l'homœopathie ; de dire ce qu'elle fût dans l'origine, ce qu'elle vaut dans sa doctrine et dans ses applications, il montre que le procès qu'on lui a fait est fondé et que la justesse de l'un de ses principes, s'efface devant l'ensemble du système car « si le réformateur allemand a eu raison quand
« il a considéré comme un moyen de progrès la similitude des
« phénomènes pathogéniques des médiaments avec les symp-
« tômes morbides qu'ils sont appelés à guérir, il s'est trompé
« quand il a basé, sur ces faits, sa loi *similia similibus* tandis
« que c'est la loi des contraires, *contraria contrariis*, qui
« s'approche le plus de la vérité. » Un long et dernier chapitre sur les applications pratiques de l'expérimentation physiologique et clinique termine ce travail.

Cette thèse est donc une œuvre importante. L'auteur ne craint pas d'y aborder les questions philosophiques les plus graves et d'y proposer les solutions qui sont tout à la fois les plus orthodoxes et les plus scientifiques. Fabre comprenait la science et le dogme comme deux lumières dont l'esprit doit s'aider en les élevant toutes deux ensemble ; tandis qu'isolées l'une de l'autre, les ombres qu'elles projettent deviennent des sources de méprises et d'erreurs, aussi nous a-t-il montré l'idée de cause et l'idée de substance conduisant nécessairement au théisme spiritualiste, impliquant une théorie médicale collatérale qui est le naturisme traditionnel, appuyé sur l'animisme ; c'est l'appréciation qu'en fait un des collaborateurs les plus savants de l'*Union médicale*, M. Ferrand, son ancien collègue des hôpitaux.

Si maintenant, nous jetons un coup d'œil rétrospectif sur les cinq années écoulées, nous sommes surpris de la singulière direction que Fabre a suivie dans la marche de ses études. Sa haute intelligence ne laissant rien au hasard, nous avons dû nous demander qu'elles étaient ses dispositions d'esprit, quand, jeune étudiant, il entrait à l'école de Marseille en 1855 ; question qui, dès le début, s'est imposée à nos réflexions et à laquelle il faut bien répondre. Nous avons dit qu'il n'avait aucune idée préconçue. Sans doute il était exempt de ces préjugés, de ces préoccupations philosophiques qui peuvent obscurcir, précipiter et fausser le jugement ; exempt de préférences ou préventions absolues quand aux systèmes ou aux doctrines ; mais il n'en était pas moins dans des prédispositions psychologiques particulières, désirs plus affectueux que raisonnés, résultant des milieux qui l'entouraient et dont malgré lui, peut-être, il devait subir l'influence. Il reçut chez son père, dès son enfance, une première éducation médicale. Pendant plusieurs années il vécut dans l'intimité d'un médecin, d'un ami qui fut un maître pour lui, qui exerçait un grand prestige sur tous ceux qu'il aimait. il a vu les siens atteints, plusieurs fois, de maladies sérieuses traitées avec succès par cet ami dont la parole est un oracle, il a entendu raconter les merveilles de l'homœopathie et l'on en mettait sous ces yeux des exemples saisissants. N'est-ce pas là une véritable éducation de famille ; avec un précepteur qui aime son élève et qui sait s'en faire aimer, avec des répétiteurs officieux, admiratifs de ce qu'on leur dit et de ce qu'ils répètent, avec des applications nombreuses de tout ce qu'on lui apprend. Pourrions-nous supposer qu'il n'en a subi aucune impression ; qu'aucune trace n'en est restée dans son intelligence ; pas même une tendance, une prédisposition à croire à la réalité de ce qu'il a vu et entendu ? mais ce n'est pas dans la nature de l'homme, encore moins de l'adolescent. Poursuivons : s'occuper d'abord de la thérapeutique et de la matière médicale, n'est-ce pas répondre, déjà, à une idée préconçue ? c'est ce qu'il fait, cependant, par les expériences et les recherches auxquelles il se livre avec persévérance pendant une année ; et cette publication faite pour en consigner les résultats comme s'il voulait déjà en 1857, par la réfutation des idées premières, se prémunir, lui-même, contre l'influence du passé; profession de foi bien authentique, malgré laquelle cependant il vient en 1859 à l'hôpital Baujon passer une année de son internat dans un service homœopathique pour en finir, sans doute, avec la spécialité. Et enfin, cette thèse si remarquable et si remarquée dans laquelle il traite un des plus vastes sujets de la thérapeutique et démontre une fois de plus toute l'inanité du système. De sorte que de 1855 à 1861, pendant dix années, non seulement il ne perd pas de vue la médecine d'Hahnemann, mais il s'applique à l'étudier, à l'analyser, à l'approfondir avec autant de soins qu'on avait déployé de zèle à l'élever dans ses principes. Quels résultats inattendus et comme on les avait peu prévus dans les entretiens enthousiastes de la rue Lafon !

Pour nous, Messieurs, tant de persistance, tant d'ardeur à la recherche de la vérité devaient vous être signalées. Elles font le plus grand honneur à notre cher collègue. Elles prouvent son extrême honnêteté scientifique, bien méritoire assurément, puisque, dans ces essais multipliés, on pourrait entrevoir les déceptions d'un jeune savant qui, lancé sur une voie qu'on lui a tracée, n'y a pas trouvé l'orthodoxie médicale qu'on lui avait affirmée où peut-être, comme on le dit autour de nous, ne faut-il voir dans ces tentatives réitérées qu'un acte de pieuse déférence à des vœux de famille.

Le docteur Fabre revient à Marseille en 1861 et se livre à l'exercice de la médecine ; il recherche la clientèle des pauvres ; les administrations bienfaisantes auxquelles il appartient sont heureuses de lui confier leurs malades et lui les accepte avec bonheur ; les malheureux secourus par les conférences de St-Vincent-de-Paul le voyant revenir à eux pour ne plus les quitter se font les propagateurs de sa réputation ; ils l'appellent déjà *le bon Docteur*, et les réputations ainsi propagées, grandissent s'appuyant sur les organes les plus nombreux de publicité. D'autre part, sa famille est bien posée dans la Société marseillaise ; partout où il passe précédé de cette auréole d'honnêteté qui l'entoure, on est frappé de son tact, de sa réserve, de sa modestie. On écoute sa conversation pleine de sens, de finesse dans ses remarques, de précision dans ses conseils et finalement on veut avoir pour médecin ce jeune homme qui parle et agit comme un vieux sage. Une guérison survenue est pour nous la meilleure réclame; à tort ou à raison, elle passe pour la plus légitime; Fabre possède une grande science et sait en obtenir de remarquables; la clientèle des riches vient se joindre à celle des pauvres et en peu d'année il est un des médecins les plus occupés de la ville.

Mais il ne perd pas de vue ses travaux de cabinet; avec ses pratiques religieuses qu'il occomplit plus assidûment que jamais, et les visites de malades, ils absorbent tout son temps. Il entre bientôt dans notre Société et nous présente pour son admission *Quelques considérations sur le Croup* ; résultat de ses observations pendant son internat à l'hôpital des enfants. La trachéotomie, suivant lui, doit-être pratiquée dans la seconde période, au moment où l'asphyxie est imminente mais n'existe pas encore; c'est entre l'âge de 5 à 8 ans qu'elle compte le plus de succès et il entre dans des détails minutieux et pleins d'intérêt qui indiquent de grandes aptitudes chirurgicales. Comme moyen interne, il préconise l'acétate d'ammoniaque qui doit combattre l'adynamie parce qu'il est stimulant, empêcher la formation des fausses membranes parce que c'est un altérant énergique, parce qu'il exerce une action spéciale sur les voies respiratoires. Cet agent lui a réussi personnellement dans deux cas où la trachéotomie paraissait inévitable à deux de ses collègues; ce travail fut inséré dans le Bulletin de nos travaux en avril 1862. Deux ans après il publie dans ce même recueil *Une étude sur la mort subite dans la variole*. Dans les varioles régulières, dit-il, les morts subites surviennent vers le onzième jour, un peu plutôt, où un peu plus tard, suivant qu'elles sont discrètes où confluentes, au moment où la salivation et la tuméfaction du visage cessent pour faire place au gonflement des extrémités qui a déjà commencé où qui commence à paraître. Si cette fluxion normale vers les extrémités ne se manifeste pas, elle est souvent remplacée par un afflux vers le cerveau où sur les poumons qui occasionne des troubles cérébraux et surtout des dyspnées qui emportent très rapidement le malade ; on peut quelquefois les conjurer en cherchant à maintenir à la peau l'activité fluxionnaire, à la porter aussi aux extrémités et à prolonger d'un jour où deux la salivation. Quant aux varioles insidieuses, les dangers sont encore plus grands et les moyens dont nous disposons, moins efficaces.

C'est aussi en 1864 qu'il est nommé professeur suppléant des chaires de médecine à l'Ecole de Marseille. Un peu plus tard, il commence son enseignement de clinique interne qu'il continuera comme professeur titulaire et qu'il doit professer avec tant de distinction pendant près de vingt années. Bientôt il est nommé membre du Conseil d'hygiène et de salubrité du département et à peu près à la même époque vous lui confiez les fonctions de secrétaire-général de notre Société.

Ses leçons à l'Hôtel-Dieu sur la *chlorose*, recueillies par M. Suzini, interne des hôpitaux, et publiées en 1867 sont très remarquables. Pour lui, la chlorose n'est pas l'anémie comme on l'enseigne ; c'est une maladie essentielle, primitive, indépendante ; elle a pour lésion l'aglobulie ou diminution notable des globules rouges du sang qui de 127, proportion normale chez la femme, peut descendre à 30 où 40 ; se manifestant surtout chez les jeunes filles, par exception chez l'homme, jamais chez les vieillard des deux sexes. L'anémie est, au contraire, une lésion secondaire, jamais indépendante, toujours liée à la maladie qui l'a produite ; elle est de tous les âges et commune aux deux sexes ; la diminution des globules n'y est pas considérable. Dans la semeiologie nous trouvons, il est vrai quelques caractères semblables ; mais tout-à-fait dissemblables sont nos moyens de les combattre, nous traitons l'une et nous ne traitons pas l'autre ; « dans la chlorose, nous avons un « **remède excellent**, le changement d'air ; un **bon remède**, le « **fer**, un **remède** assez bon, l'hydrothérapie et un **remède**

« médiocre, l'alimentation substantielle ». Tandis que le traitement de l'anémie dépend uniquement de la maladie dont elle provient. Une autre erreur serait de croire que la connaissance de la chlorose date de notre siècle ; M. Potain a prouvé que la plupart des auteurs hypocratiques en avaient observé tous les caractères excepté les palpitations cardiaques. Dans l'étiologie, le jeune professeur distingue des causes physiologiques et pathologiques, des conditions d'hygiène physiques et morales. Les symptômes sont décrits avec la plus minutieuse exactitude et les bruits anormaux du système vasculaire relevés avec toute l'importance qu'il faut leurs reconnaître. Puis il indique la marche de la chlorose et des accidents qui peuvent la compliquer. Enfin le dernier chapitre fait comprendre comment les causes de la maladie produisent les lésions et comment les causes et les lésions déterminent les troubles fonctionnels et les signes physiques qu'on y observe. Ce beau travail est un traité complet de la chlorose en cinq leçons ; il est le résultat d'une rigoureuse observation et s'il s'applique à rattacher aux traditions du passé des idées que l'on croit modernes, il le fait avec des preuves certaines.

Une place de médecin des hôpitaux devient vacante en 1868, Fabre l'enlève dans un concours qui fait ressortir la solidité et la variété de son instruction. Plus tard, la durée de ses fonctions de secrétaire-général est expirée et vous l'appelez une première fois à la présidence de la Société qu'il occupe pendant l'année 1871. Bientôt eût lieu parmi nous cette grande discussion à laquelle prirent une très-belle et très-active part MM. de Capdeville, Villeneuve père, Poucel, Seux fils et Demeule. Dans un premier discours sur le *Positivisme et la méthode positiviste en médecine*, notre collègue prend à partie l'Ecole de Paris, le déterminisme de Claude Bernard, le positivisme de Comte, le darwinisme, l'Ecole allemande représentée par MM. Oken, Wirchow, Schelling, Hegel, et démontre que leurs doctrines conduisent fatalement, qu'ils s'en défendent ou non, au matérialisme le plus complet et à la négation absolue de Dieu ; il n'hésite pas dès lors à proclamer qu'il faut désormais choisir entre ces devises : *Guerre à Dieu, ou gloire à Dieu*. Dans un deuxième discours, paraphrase de la formule qu'il avait adoptée : *La science éclairée par Dieu et Dieu glorifié par la science*, il nous fait voir le rôle de la philosophie chrétienne dans la science en général et dans la médecine en particulier, et il sait prouver à ses contradicteurs qu'elle est tout à la fois la plus large, la plus libérale et la plus scientifique. Mais je ne puis m'arrêter sur ces hauteurs où plane notre éminent collègue, avec la lucidité de sa science et de sa foi religieuse. Par l'analyse de sa thèse, vous savez déjà que sa philosophie est celle de l'Eglise catholique romaine ; que dans les horizons qu'il a parcourus et dans les déductions pratiques qu'il a tirées de ses principes il n'a pas cessé d'être en communion avec elle : je dois donc quitter ces sommets rayonnants de la clarté divine pour reprendre la simple appréciation de son œuvre clinique.

Le 1er avril 1876, l'Ecole préparatoire de médecine de Marseille fut transformée en école de plein exercice. Cette mesure entraîna la création de plusieurs chaires nouvelles, dont deux affectées aux cliniques interne et externe ; Fabre fut nommé titulaire de la deuxième chaire de clinique médicale que, par ses cours antérieurs, il avait déjà créée.

Son livre sur les *Relations pathogéniques des troubles nerveux* parut un peu tard. Dans une première partie, il examine les troubles consécutifs aux affections abdominales ; il indique comment ils peuvent occasionner une mort rapide dans la lithiase biliaire ; les troubles du grand sympathique, l'action pathogénique des viscères de l'abdomen sur ceux du thorax, celle que ces viscères abdominaux exercent les uns sur les autres par l'intermédiaire du système nerveux, et enfin les troubles nerveux de la vie de relation provoqués par les affections abdominales. Passant ensuite aux troubles nerveux consécutifs aux affections thoraciques, il décrit ceux qui sont produits par l'altération des ganglions et des gros vaisseaux ; il les examine dans la péricardite et dans la pleurésie ; dans les affections cardiaques, il en explique la pathogénie et en indique le traitement rationnel ; il fait remarquer la coïncidence de la folie et des névroses convulsives telles que la chorée, l'hystérie et l'épilepsie avec ces dernières affections, pour rappeler que cette coïncidence ne suppose pas nécessairement une relation de cause à effet, mais plutôt une origine commune qui est le plus souvent l'arthritis ou l'alcoolisme. Il consacre un chapitre aux troubles nerveux dans les affections broncho-pulmonaires ; il y décrit ceux de la sensibilité et du mouvement ; les phénomènes nerveux du cœur, du tube digestif, du foie et du rein qui reçoivent le plus souvent le contre-coup de cet ébranlement comme dans la phthisie, par exemple. Il y décrit aussi les troubles qui existent dans les circulations locales ; les troubles intellectuels ; l'hystérie et les troubles fonctionnels de la vie de relation qui compliquent les maladies des voies respiratoires. Dans la seconde partie de son ouvrage, l'auteur fait, au contraire, l'histoire des phénomènes morbides consécutifs aux troubles nerveux. Il étudie le rôle du système nerveux dans la fièvre, l'utilité de ce phénomène que l'intervention de l'élément nerveux ne justifie pas toujours ; son influence dans l'inflammation, les congestions et les hémorrhagies, dans l'œdème, dans la sécrétion urinaire, dans la menstruation, dans les affections cutanées.

Tous les pathologistes ont, plus ou moins, examiné les désordres du système nerveux dans les maladies dont ils s'occupaient ; mais aucun ne les avait appréciés dans leur ensemble pour les considérer tour à tour comme causes et effets de ces affections ; c'est un des mérites de l'ouvrage ; ce n'est pas le seul, car ce *Traité des pathogénies* contient surtout de la bonne clinique et de l'excellente thérapeutique. La presse médicale l'a accueilli avec une grande faveur ; je ne lui emprunterai que ces deux citations ; M. H. Huchard, médecin de l'hôpital Bichat, qui a publié, l'an dernier, un très-important mémoire sur les angines de poitrine, dans la *Revue de Médecine*, lui a consacré, dans l'*Union médicale* — 10 août 1880 — un article très-élogieux. Après avoir constaté qu'il s'est toujours fait un devoir, un plaisir, ajoute-t-il, de rendre compte des travaux du professeur Fabre, il considère « cette
« double étude comme très-intéressante, au point de vue

« pratique, et des plus attrayantes par la vaste érudition et la
« saisissante originalité du style de l'auteur. » L'honorable
directeur du *Marseille médical*, M. le docteur Roux de Brignoles qui, dès sa publication, avait signalé cet ouvrage à ses
ses confrères, en avait fait ressortir les principales qualités,
dans un article très complet; disons aussi qu'il est la fidèle
reproduction des leçons faites à l'Hôtel-Dieu, recueillies et
sténographiées par M. le docteur Audibert, un des meilleurs
amis et des savants disciples du jeune maître.

C'est encore à M. Audibert, lauréat et chef de clinique de
l'Ecole, que l'on doit la reproduction d'une autre série de
leçons publiées en 1881, des *Fragments de clinique médicale*
dont nous avons rendu compte dans le *Marseille médical* du
20 mai 1881. Il faut y lire surtout un excellent chapitre
sur la diversité d'aspect des artérites comprenant l'artérite
cause de mort subite, d'état typhoïde et d'anémie; l'artérite
considérée dans l'encéphale, ou sous forme d'affection cardiaque, pulmonaire et cardio-pulmonaire. Remarquons aussi un
chapitre sur les surprises du médecin dans les affections
abdominales et cardiaques; sur les causes, les explications de
ces surprises et les moyens de les éviter.

Une dernière série de leçons sous le titre de *Nouveaux
fragments de Clinique médicale* publiées en 1883, se rapportent à l'*Hystérie viscérale* et *aux dilatations du cœur
droit*. L'auteur étudie l'hystérie dans plusieurs phénomènes
morbides et surtout dans la fausse phthisie des hystériques,
la simulation des affections utéro-ovariennes, les arthropathies et les dermatoses. Pour le professeur, l'hystérie est
d'abord un tempérament, puis une maladie qui occupe le
système nerveux tout entier, principalement celui de la vie
végétative; et ce n'est pas une simple affection utéro-ovarienne
comme on l'a cru, bien qu'elle la simule plus d'une fois.
Comme tempérament, l'hystérie règne donc en souveraine,
puisque Fabre va jusqu'à dire qu'en règle générale toutes les
femmes sont hystériques et que c'est une hystérie rudimentaire qui constitue leur tempérament. Les travaux modernes
de MM. Brodie en Angleterre, Briquet, Bouchut, Charcot et H.

Huchard, — dans sa dernière édition du *Traité des névroses* d'Axenfeld, — ont appelé l'attention sur cette maladie; la publicité extra-médicale donnée à la clinique de la Salpêtrière l'a tout-à-fait mise à la mode. Mais si, d'après Fabre, toutes les femmes sont hystériques, et si d'après M. Charcot le nombre de ces nervosiques est égal dans les deux sexes, il s'en suit qu'hommes et femmes, nous sommes à peu près tous hystériques, ce qui n'est pas probable. N'oublions pas qu'avant l'hystérie, trop généralisée aujourd'hui après avoir été longtemps localisée sur une seul point quelquefois difficile à explorer, nous avions le nervosisme non moins généralisé par M. Bouchut ; précédemment, l'état nerveux, plus modeste dans ses prétentions, plus sûr de son avenir, et, anciennement, les vapeurs qui, pendant des siècles, ont eu le privilége de servir d'explication aux phénomènes inexplicables. Dans la partie consacrée aux *dilatations du cœur droit*, le professeur examine les influences qu'elles subissent des diverses affections abdominales, thoraciques, cardiaques et des maladies générales, puis il traite du diagnostic à l'aide des signes fournis par l'examen du cœur et du système veineux et enfin il indique le pronostic et le traitement des dilatations.

Comme complément de son travail sur l'hystérie, il faut citer deux leçons publiées en 1883 dans le même recueil sur l'hystérie simulant des tumeurs abdominales telles que les engorgement des ganglions mésentériques, des tympanites, des kystes du foie, de l'ovaire et surtout des grossesses ; ou bien simulant des maladies cérébrales ce qui se comprend beaucoup mieux, l'hystérie étant une affection des centres nerveux, les troubles fonctionnels qu'elle présente peuvent être identiques à ceux que produisent les lésions organiques de ces mêmes centres. Nous trouvons encore dans le *Marseille médical* un certain nombre de leçons isolées, dont nous ne pouvons que vous indiquer les tires : *Sur la Spinopathie saturnine*, en 1878 ; — *Sur la phthisie capsulaire*, 1878, qui fut recueillie et rédigée comme la plupart des leçons de cette époque par M. le Dr Garcin, son chef de clinique dont la science déplore la perte prématurée ; — *Sur les anémies par affections cardiaques*, 1881 ; — *Des effets des Maladies du foie sur les organes voisins ;* — *De la Phthisie pleurale ;* — *Des Phénomènes cérébraux chez les phthisiques*, en 1882 et bien d'autres qui ont pu nous échapper. Mais les leçons de notre savant collègue ne se prêtent guère à l'analyse ; son style est concis; il ne dit que ce qu'il faut dire et l'analyse la plus fidèle ne peut qu'en reproduire le sens, ou en indiquer les divisions. Ceux qui les entendent ou les lisent sont frappés de cette multitude de détails qui révèlent un observateur minutieux auquel rien n'échappe, un érudit qui lit tout et de tout se souvient à propos, qui cite des faits précis et nombreux exposés avec clarté parce qu'ils sont classés avec méthode, une élocution facile toujours élégante, souvent spirituelle qui réussit à simplifier les problèmes les plus ardus de la pathogénie, du diagnostic différentiel et de la thérapeutique. Ce sont ces qualités qui faisaient de son cours une véritable attraction scientifique pour ses élèves, et l'un d'eux, M. Oddo, a pu s'écrier avec raison sur sa tombe : « Près de vous, Maître « enthousiaste, nous aimions tous la science, parce qu'en « vous étaient l'ardeur du vrai, la passion du bien. »

Oui ! il sut leur faire aimer la science ; il sut aussi se faire aimer, lui-même, de cette belle jeunesse qui, se levant un jour pour le défendre, se groupait autour de sa chaire menacée et parvenait à la lui conserver, grâces à la haute influence de M. Jourde, l'honorable président du syndicat de la presse parisienne, grâces aux actives démarches de MM. les professeurs Comballat, Laget, et surtout, dit-on, à l'initiative de son bien aimé et bien regrettable chef de clinique M. le docteur Richaud.

Vous connaissez maintenant le philosophe et le professeur ; mais ne connaissèz-vous pas aussi l'écrivain ? Son style avait la concision, la clarté, l'élégance; le trait spirituel et léger lui servait à propos. *Le style n'est que l'ordre et le mouvement qu'on met dans ses pensées*, dit Buffon. Fabre écrivait avec fermeté et concision parce qu'il n'exprimait que des idées étroitement liées les unes aux autres, des pensées mûries par la réflexion avant d'être livrées à la plume ou à la parole.

Lisez une de ses leçons, la plus scientifique, et vous reconnaîtrez de plus le littérateur qui n'a rien oublié des règles de la rhétorique et de ses nombreuses figures, de là cette élégance de la forme qui ornait son enseignement et ses écrits.

Le côté professionnel n'est pas moins intéressant. Il a laissé les plus beaux souvenirs dans les cinq hôpitaux de Paris qu'il a traversés. Nous savons, en effet, par MM. Cazelles et Pamard, qu'ils avaient autant d'estime pour son caractère que d'affection pour sa personne. M. Ferrand nous écrit « qu'on « ne pouvait être en rapport avec lui sans se sentir meilleur, « plus courageux pour le bien, plus fort contre le mal, qu'il « avait le zèle communicatif et qu'il fit ainsi plus de bien « qu'on ne peut se le figurer. » MM. Regnault, d'Anjoy, Dayot et plusieurs autres sont dans les mêmes sentiments à son égard. M. H. Huchard nous écrit « qu'il avait depuis « longtemps la plus grande vénération pour cet homme « d'élite, dont les pensées sont toutes nobles et élevées ; que « ses travaux, toujours instructifs, sont admirablement « écrits ; que la science perd en lui un de ses plus dignes « représentants et la profession un des hommes qui lui « faisaient le plus d'honneur. » Ce qu'il fut à Marseille, vous le savez ; admis dans les familles, il était plein de tact et de prudence et savait résister aux questions indiscrètes pour ne pas livrer les intimités des unes aux propos des autres. Attentif et plein de soins pour ses malades, il leur était entièrement dévoué par le respect et l'affection qu'il leurs portait. Vis à vis de ses confrères, il fut bon, généreux, prêtant des sommes importantes et renouvelant plus d'une fois des actes de même nature; achetant à la veuve d'un médecin, à un prix bien plus élevé que sa valeur, une maison qu'elle devait et ne pouvait pas vendre ; à des confrères infirmes, il fait une pension mensuelle, et tout cela avec une délicatesse parfaite, quelquefois touchante. Un médecin peu fortuné le fait appeler dans une famille demi-pauvre qui insiste pour avoir son avis; l'aspect des lieux est triste, le mobilier insuffisant ; refuser les honoraires est facile, il est coutumier du fait, mais c'est priver le confrère d'une rémunération qui lui est due et dont peut-être il a besoin ; il le voit d'ailleurs hésiter à recevoir le prix de la consultation, lui n'hésite pas, il s'avance, il tend la main et dit en souriant : « Acceptez, cher confrère, le prêtre vit de l'autel et le médecin de sa profession ; » le soir, la famille reçoit un billet de banque qui la dédommage du sacrifice qu'elle s'était imposé. Et ces consultations des pauvres, à son cabinet, qui deux fois la semaine, convertissaient l'entrée de sa maison en une véritable cour des miracles où tous se rendaient, sachant bien que la consultation, dont souvent il n'avaient que faire, serait accompagnée de l'aumône qu'ils convoitaient, et lui qui se prêtait avec douceur à ces supercheries que d'un coup d'œil il avait devinées. Il faut lire dans un petit journal religieux de la localité, le récit plein d'attraits que M. l'abbé Guérin a publié de ses actes de bienfaisance ; vous verrez que sa charité inépuisable semblait prendre les formes les plus variées.

A la Société de médecine, dans cette enceinte, il était d'une assiduité et d'une activité remarquables ; prenant et gardant la parole pendant des séances entières ; nous communiquant les faits nombreux de sa clinique dans des causeries simples, familières, pleines d'aperçus ingénieux et nous venions de lui conférer, une deuxième fois, la présidence au moment où nous l'avons perdu. Quand il y a quinze ans nous voulûmes transformer le bulletin de nos travaux en un périodique mensuel et que fut décidée la création du *Marseille médical*, c'est à lui que nous pensâmes tous pour lui en confier la Direction, qu'il voulût bien conserver pendant plusieurs années. Vous savez avec qu'elle ardeur, il se mit à l'œuvre nouvelle ; de quelle sollicitude il sût l'entourer ; comme il l'échauffait de son souffle scientifique ; comme il nous animait de son zèle, nous ses collaborateurs, excitant la tiédeur des uns, donnant aux autres, l'exemple d'une ponctualité qui leur manquait ; suppléant aux feuillets promis par les matériaux qu'il trouvait toujours prêts, classés dans son cerveau, comme les livres sur les rayons de sa bibliothèque.

C'est que Fabre connaissait le prix du temps; le travail fut sa grande occupation, la constante préoccupation de sa vie; « Les belles âmes — dit Malherbe — se nourrissent au « labeur; ce n'est rien que de ne refuser point le travail, il le « faut chercher. » C'est ainsi qu'il nourrit son esprit au labeur, cherchant toujours des labeurs nouveaux; au collège où il sacrifie au travail ses jours de sortie; à Paris où il étudie avec autant de soins les malades des autres que ceux de son propre service; à Marseille où il déploie une activité prodigieuse; où de la pointe du jour à dix heures du soir, il est en mouvement, sans trève ni repos que quelques minutes accordées aux repas; il ne décline aucune de ses obligations de chrétien, de professeur, d'examinateur où de membre de jury aux concours, de membre de Sociétés savantes et d'administrateur de plusieurs établissements de bienfaisances; il est partout, il ne se fait remplacer nulle part et cependant il visite plus de malades qu'aucun de nos confrères. Ah, il faut en convenir; il a choisi la carrière la plus absorbante et il avait dit bien vrai quand, au début, il exprimait à sa famille la volonté d'être utile à ses semblables le plus qu'il pourrait: magnifique promesse qu'il tient jusqu'au dernier moment où se sentant frappé à mort, il regrette de n'avoir pu visiter deux malades qui l'avait fait appeler.

Mais quel mobile le pousse ? la fortune ? non, il n'a jamais taxé ses honoraires, rien demandé à ses clients qui fixent eux-mêmes la rémunération de ses services; les honneurs, les plaisirs, les distractions du monde que sa grande notoriété peut lui procurer ? pas d'avantage, il fuit toutes ces futilités; il n'accepte pas même des invitations chez les siens qui seraient si heureux de le posséder. Intrépide chasseur dans sa jeunesse, il ne chasse plus, il n'en a plus le temps ; parfois, le dimanche, il va s'asseoir au milieu de la famille réunie chez sa vénérable mère, quand le nombre de ses malades le lui permet et c'est tout ! Quelle est donc la force surhumaine qui lui donne les forces physiques nécessaires à de si rudes labeurs, à tant d'abnégation, de dévouement, de sacrifices ? Nous allons vous le dire.

L'homme, chef-d'œuvre de la création doit s'arracher à la vulgarité des choses terrestres qui le captivent et tourner ses regards vers le Ciel ; c'est sa destinée ; le plus grand orateur de Rome païenne l'a célébrée en une langue magnifique : *Os homini sublime dedit, cœlumque tueri jussit et erectos ad sidera tollere vultus.* Avec l'orateur païen, regardons en haut ; avec le philosophe catholique, montons encore, jusqu'à l'infini. Deux grandes passions, dominent, en effet, toute la vie du professeur Fabre ; l'amour de Dieu, l'amour du prochain. Cette existence si bien remplie, si complètement religieuse et scientifique se résume en deux mots : *prière* et *travail* ; il passait au pied des autels les premières heures de la matinée se livrant aux pratiques de la plus fervente dévotion. C'est pour l'amour de son Dieu, par la prière que dès sa première communion, il dompte déjà son caractère dont il transforme la vivacité et la pétulance en une douceur, une mansuétude que rien ne peut plus altérer. Cette passion pour son Dieu lui inspire l'amour du prochain dont il va subir le noble esclavage, il se dévoue à ses semblables ; jour et nuit, il appartient au prochain. Pour soigner les malades il se fait médecin ; pour soulager les pauvres il donne avec largesse ; mais les maux qui les atteignent sont nombreux, variés et, pour les mieux connaître, il passe tout son temps, sa vie entière à les étudier ; il devient ce travailleur constant, opiniâtre, que nous avons connu. Il va consacrant ainsi ses facultés intellectuelles et sa robuste santé au soulagement de l'homme, jusqu'à la fin, jusqu'à l'heure du repos éternel. Quand donc vous reposerez-vous? lui disait-on quelquefois, « quand je serai dans l'éternité » et il a encore tenu parole ; son premier repos fut celui de la tombe. Voilà, Messieurs, le grand secret de son existence, secret qui n'en était un pour personne, mais que notre pieux collègue cachait dans son humilité ; mon devoir était de vous le signaler et, après avoir résumé ses œuvres médicales, de vous exposer l'analyse de ses sentiments.

Le mercredi soir 16 janvier, Fabre quitte l'Hôtel-Dieu. Le jury du concours dont il faisait partie vient de nommer médecin des hôpitaux M. le D[r] D'Astros, fils d'un éminent et vertueux confrère que nous entourons d'une respectueuse amitié. Tout à coup, il se sent frappé au cerveau ; il éprouve des éblouissements, des vertiges, les jambes ne le soutiennent plus ; l'intelligence est intacte et il connaît son état, il se fait transporter chez lui ; se compose une figure et un maintien moins expressifs pour ne pas effrayer sa femme qu'il s'efforce de rassurer, fait appeler son ami le docteur Audibert et le curé de sa paroisse ; M. le docteur Poucel arrive aussi ; il leur raconte ce qui vient de se passer ; il précise, en clinicien, que le siége hémorrhagique doit être aux environs de la protubérance annulaire, que la couche optique doit être également atteinte ; qu'il est inutile de le tourmenter parce qu'il n'y a rien à faire et il prie M. Audibert d'aller voir les deux malades qu'il devait visiter. Plus tard, MM. Comballat, Queirel et Van Gaver viennent joindre leurs efforts à ceux de leurs collègues ; tous les soins lui sont prodigués ; toutes les ressources de la science, si largement représentée auprès du malade, sont employées pendant la nuit ; mais les symptômes se sont aggravés, la langue ne prononce plus que des mots inintelligibles, l'intelligence s'obscurcit, l'agonie commence et entre quatre et cinq heures du matin le professeur Fabre rend son âme à Dieu.

La fatale nouvelle se répand avec rapidité ; colportée de bouche en bouche, elle pénétre dans les quartiers les plus éloignés ; elle est démentie, confirmée et l'on en doute encore. Comment y croire ? La veille, l'on a vu M. Fabre à l'église ; à l'hôpital, le matin et le soir ; puis à une réunion de bienfaisance ; chez plus de vingt clients. L'on accourt vers la maison mortuaire ; mais déjà l'accès n'en est plus possible, les abords sont encombrés par une masse d'individus, hommes et femmes de toutes conditions ; l'on y voit des prêtres et des religieux de plusieurs ordres ; chacun parle, s'agite et l'on pleure ; tous veulent entrer. « *Le voir seulement et prier pour lui* s'écrie une femme « *priez le plutôt, d'intercéder pour nous* » répond un moine. La foule se presse, se bouscule pour arriver jusqu'à la chambre du défunt. Les habits dont on l'a revêtu sont mis en lambeaux, la flannelle qui a touché le corps *du bon médecin*, comme ils l'appelaient, *du saint*, comme ils disent en ce moment, est coupée, déchiquetée, chacun veut en emporter un morceau. L'on s'arrache les objets de dévotion, scapulaires, médailles et chapelet qu'il portait sur lui ; des pauvres passent la nuit sur le seuil de la porte, sur le trottoir, *pour le veiller ici*, disent-ils, *ne pouvant le veiller là haut*, élans de vénération et de reconnaissance qui se renouvellent le jour suivant. Dans l'intervalle, se réunissait à l'église de Saint-Joseph, une assemblée de charité, Mgr Perraud, de l'Académie française, y prêchait pour la défense des intérêts catholiques, dont il était un des membres les plus actifs ; pouvait-on oublier celui qui ne manquait jamais à ces réunions ? Sa douce image était là, souriante, qui les encourageait à la bienfaisance, chacun la voit dans son cœur, et cet auditoire anxieux accueille avec des frémissements approbatifs les paroles de l'illustre prélat lui proposant comme exemple de la sanctification, la vie du *Grand chrétien* qui venait de s'endormir dans le Seigneur.

Le samedi 19, Marseille fit à notre vénéré collègue des funérailles magnifiques. Vous étiez tous présents, et je n'ai pas à décrire cet immense concours de citoyens, de professeurs appartenant aux quatre Facultés et à notre École, précédés du préfet, du recteur et d'officiers généraux ; des membres de la magistrature judiciaire et consulaire, de MM. les étudiants en médecine et en pharmacie, de toutes les notabilités du barreau, du commerce, d'un grand nombre de religieux, de religieuses, de pauvres et d'infirmes se traînant, comme il pouvaient, à la suite de cette longue file processionnelle.

A l'église, Mgr l'évêque de Marseille et ses grands vicaires célèbrent la messe et les pieuses cérémonies du culte, honneur réservé aux dignitaires les plus élevés du diocèse. Au cimetière devant le mausolée qui recouvre la sépulture de la famille, plusieurs discours sont prononcés. M. Bergasse, l'un des négociants les plus haut placés dans la vénération publique, parle surtout de son inépuisable charité ; M. Chapplain, directeur de l'École, fait habilement ressortir ses qualités de professeur, de clinicien et de *Grand médecin* ; notre cher président, M. Queirel, MM. Nicolas-Duranty, Villard et Fallot expriment en termes chaleureux et choisis les sentiments de leurs collègues de la Société de médecine et des autres Sociétés médicales qu'ils représentent. M. Oddo lui adresse, au nom des élèves, les plus touchants adieux ; enfin M. Court de Payen prononce quelques paroles vivement émues qui se perdent dans les larmes de l'assistance et terminent la solennelle translation.

La presse politique de la localité fut unanime à reconnaître l'immensité de la perte que venait de faire la société Marseillaise. Les journaux de toutes les nuances s'empressèrent de rendre hommage aux rares qualités et à la vertu de l'éminent professeur. A ce concert élogieux venait se joindre le *Marseille Médical*, qui doit tant à son premier directeur, et la plume autorisée de notre Rédacteur en chef a su très dignement remplir la grande tâche qui lui incombait.

Permettez nous, Messieurs, de reprendre, en terminant, la belle formule que Fabre avait adoptée et que nous vous avons indiquée avec la rapidité de l'analyse ; elle explique trop bien, sa philosophie, sa vie, sa mort et tous les souvenirs qu'il a laissés, pour ne pas y revenir :

La science éclairée par Dieu et Dieu glorifié par la science.

Dans ses travaux, il a démontré que la science qui n'est pas éclairée par Dieu est vaine, stérile, qu'elle porte en elle de nombreuses sources d'erreurs et sa vie tout entière fut consacrée à la glorification de Dieu. N'est ce pas le glorifier, de rester simple et modeste, dans l'effacement de sa personnalité dont la haute valeur n'échappait qu'à lui-même ; de travailler sans cesse, par son enseignement, ses écrits, sa pratique médicale et son éminente piété à prouver que toute science vient de Dieu et doit concourir à sa louange ; de la faire servir entièrement, absolument à soulager les misères de l'humanité ; de n'avoir qu'un but, la charité et le dévouement ; d'y sacrifier sa liberté, son temps, son repos, ses forces ; de vivre de peu, quand on possède beaucoup, afin d'augmenter la part des pauvres ; de ne rien attendre des hommes que les occasions d'un sacrifice nouveau ; et tout cela vous le savez pour l'amour de son Dieu ! A partir de l'âge de dix ans, sa conduite devint exemplaire sans défaillance aucune. Plus tard, les orages de la jeunesse grondent autour de lui sans altérer la sérénité de son âme ; c'est un compagnon du jeune âge qui vous dit *qu'auprès de lui on se sentait meilleur, plus courageux pour le bien, plus fort contre le mal* ; et celui dont il parle a 23 ans ! Si les passions humaines ne l'atteignent pas, les passions célestes le pénétrent, l'embrasent, le brûlent et, celles-ci, je vous les ai signalées. Connaissez-vous des chants, des hymnes, des cantiques qui exaltent et glorifient mieux le Très-Haut, que cette vie pleine d'édification qui a duré trente-sept années ?

Je vous l'ai racontée, longuement, cette belle existence qui fut l'honneur de notre famille médicale ; mais des voix plus autorisées la caractérisent en quelques mots : ses collègues du professorat, le proclament un *Grand médecin* ; Mgr d'Autun dit, en plein temple, qu'il était un *Grand chrétien* et le peuple va plus loin, il l'appelle un *Saint !* Je vous laisse, Messieurs, sous ces consolantes impressions !

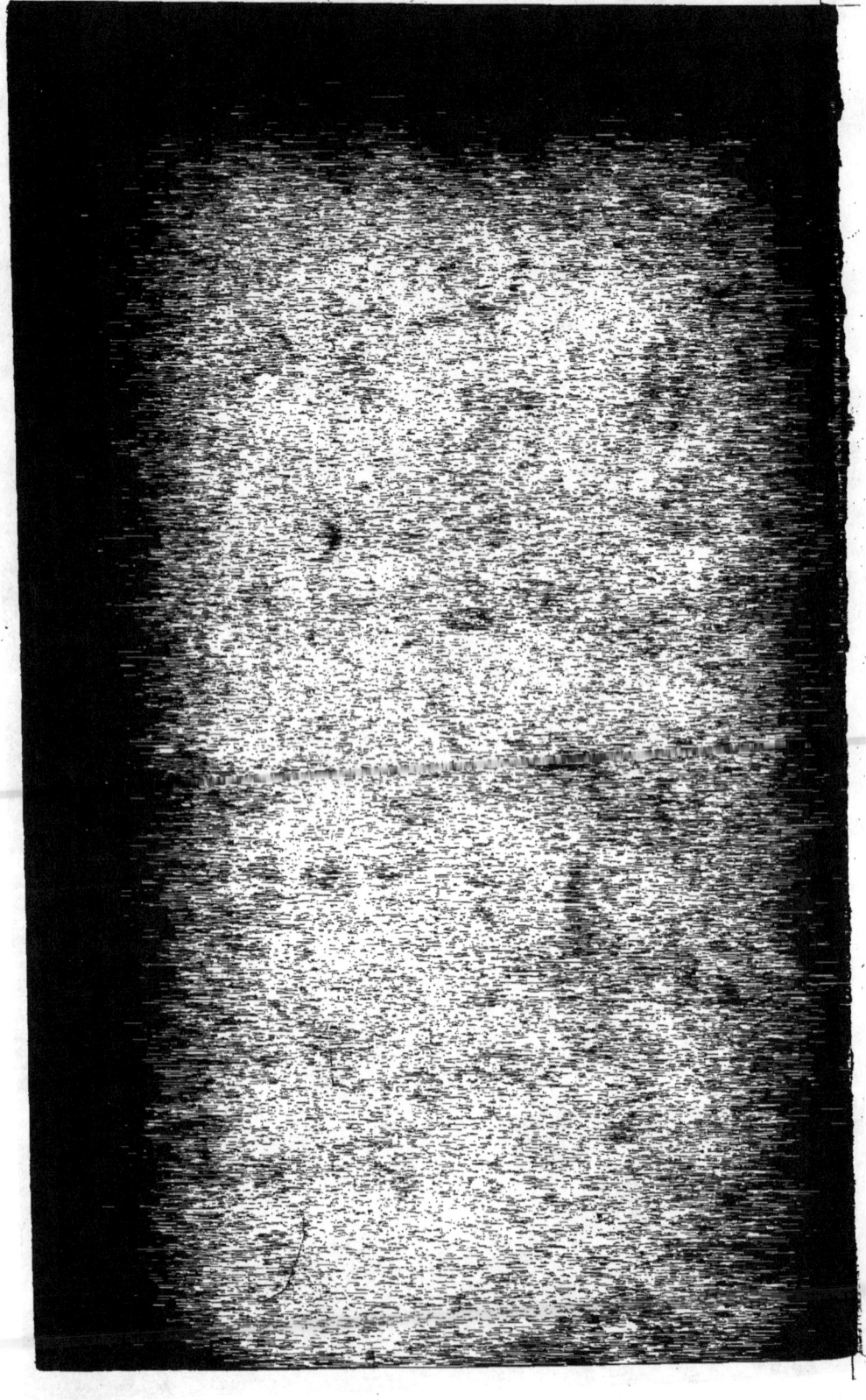

www.ingramcontent.com/pod-product-compliance
Lightning Source LLC
Chambersburg PA
CBHW060500050426
42451CB00009B/748